THIS BOOK BELONGS TO:

CONTACT INFORMATION	
NAME:	
ADDRESS:	
PHONE:	

START / END DATES

/ /   TO   / /

DEDICATION

This book is dedicated to all the amazing fish owners out there!

You are my inspiration in producing books and I'm excited
to help in the planning of your marine life interests around the world!

This Aquarium Maintenance Journal is a perfect way to capture all your steps of caring for your indoor fish, general cleaning of your tank, equipment care and water quality observations while you're caring for your fish. Easily keep all your aquarium care plans and ideas all in one place. Planning your project has never been so easy.

Each section contains prompts & space for:

1. Aquarium Worksheet - Includes General Maintenance, water change, general cleaning, gravel cleaning, algae cleaning basically taking care of the overall tank setup.

2. Aquarium ID- Record the size of the tank, date of the cleaning and maintenance.

3. Equipment Maintenance - Checklist style for filter maintenance, media cleaned and replaced, air pump and hoses, and lighting was checked, space to add more items.

4. Water Quality - Space to write the water quality, PH level, ammonia, nitrates, nitrites and the general hardness of the water.

5. General Care and Observations - Note space to write down your feeding, spawning, water temperature and quality, medications added including brand and dosage, water conditioner added, and any disease diagnosis.

6. Expenses - Keep Track your equipment expenses, fish/plants, maintenance, food, supplies, with space to add more and easily be able to refer back to this page.

7. Supply List - Extra note space for your fish tank items, quantity, supplier and the date purchased.

8. Plant Inventory - More note space for each of your fish tanks, what species, date added and extra note space for recording your thoughts and ideas.

9. Health History - Keep track of each pet fish name, which tank number, date of sickness, what was the treatment plan, number of days treated and whether the outcome was successful or not using the check the box method.

10. Feeding Log - Use the days of the week morning, noon and night check marks, tank number and which month it is to track the feeding schedule for each fish.

Whether you're a first time fish owner or have been at it for a while, you will want to write everything down in this notebook to look back on and always remember your aquarium adventures.

Use it every day for writing about your fish owning experiences. Also makes a great gift for kids. Keeping all your information in one spot has never been so easy. Make your memories last forever.

AQUARIUM WORKSHEET

AQUARIUM ID		AQUARIUM SIZE		DATE	

GENERAL MAINTENANCE	EQUIPMENT MAINTENANCE	WATER QUALTIY
O WATER CHANGE %	O FILTER MAINTENANCE	O PH
O GENERAL CLEANING	OMEDIA CLEANED	O AMMONIA
O GRAVEL CLEANING	OMEDIA REPLACED	O NITRATES
O ALGAE CLEANING	O AIR PUMP / HOSES	O NITRITES
O LIVESTOCK INSPECTION	O LIGHTING	O GH
O	O	O
O	O	O

GENERAL CARE AND OBSERVATIONS

FEEDING	
SPAWNING	
WATER TEMPERATURE AND QUALITY	
MEDICATIONS ADDED (BRAND / DOSAGE)	
WATER CONDITIONERS ADDED (BRAND / DOSAGE)	
DISEASE DIAGNOSIS	

EXPENSES		AQUARIUM OCCUPANTS		
		NAME	QUANTITY	DATE
EQUIPMENT				
FISH / PLANTS				
MAINTENANCE				
MEDICATION				
FOOD				
SUPPLIES				
TOTAL COST				

SUPPLIES

ITEM	QUANTITY	SUPPLIER	DATE PURCHASED

PLANT INVENTORY

TANK #	

SPECIES	DATE ADDED	NOTES

HEALTH HISTORY

PET NAME		TANK #	

DATE SICK	TREATMENT PLAN	# OF DAYS TREATED	SUCCESS?
			O YES O NO
			O YES O NO
			O YES O NO
			O YES O NO
			O YES O NO
			O YES O NO
			O YES O NO
			O YES O NO
			O YES O NO
			O YES O NO
			O YES O NO
			O YES O NO
			O YES O NO
			O YES O NO
			O YES O NO
			O YES O NO
			O YES O NO
			O YES O NO
			O YES O NO
			O YES O NO
			O YES O NO
			O YES O NO
			O YES O NO
			O YES O NO
			O YES O NO

FEEDING LOG

TANK #		MONTH	

WEEK ONE

	MONDAY	TUESDAY	WEDNESDAY	THURSDAY	FRIDAY	SATURDAY	SUNDAY
MORNING							
NOON							
NIGHT							

WEEK TWO

	MONDAY	TUESDAY	WEDNESDAY	THURSDAY	FRIDAY	SATURDAY	SUNDAY
MORNING							
NOON							
NIGHT							

WEEK THREE

	MONDAY	TUESDAY	WEDNESDAY	THURSDAY	FRIDAY	SATURDAY	SUNDAY
MORNING							
NOON							
NIGHT							

WEEK FOUR

	MONDAY	TUESDAY	WEDNESDAY	THURSDAY	FRIDAY	SATURDAY	SUNDAY
MORNING							
NOON							
NIGHT							

MY AQUARIUM

PHOTO

AQUARIUM WORKSHEET

AQUARIUM ID		AQUARIUM SIZE		DATE	

GENERAL MAINTENANCE	EQUIPMENT MAINTENANCE	WATER QUALTIY
O WATER CHANGE %	O FILTER MAINTENANCE	O PH
O GENERAL CLEANING	OMEDIA CLEANED	O AMMONIA
O GRAVEL CLEANING	OMEDIA REPLACED	O NITRATES
O ALGAE CLEANING	O AIR PUMP / HOSES	O NITRITES
O LIVESTOCK INSPECTION	O LIGHTING	O GH
O	O	O
O	O	O

GENERAL CARE AND OBSERVATIONS	
FEEDING	
SPAWNING	
WATER TEMPERATURE AND QUALITY	
MEDICATIONS ADDED (BRAND / DOSAGE)	
WATER CONDITIONERS ADDED (BRAND / DOSAGE)	
DISEASE DIAGNOSIS	

EXPENSES		AQUARIUM OCCUPANTS		
		NAME	QUANTITY	DATE
EQUIPMENT				
FISH / PLANTS				
MAINTENANCE				
MEDICATION				
FOOD				
SUPPLIES				
TOTAL COST				

SUPPLIES

ITEM	QUANTITY	SUPPLIER	DATE PURCHASED

PLANT INVENTORY

TANK #	

SPECIES	DATE ADDED	NOTES

HEALTH HISTORY

PET NAME		TANK #	

DATE SICK	TREATMENT PLAN	# OF DAYS TREATED	SUCCESS?
			O YES O NO
			O YES O NO
			O YES O NO
			O YES O NO
			O YES O NO
			O YES O NO
			O YES O NO
			O YES O NO
			O YES O NO
			O YES O NO
			O YES O NO
			O YES O NO
			O YES O NO
			O YES O NO
			O YES O NO
			O YES O NO
			O YES O NO
			O YES O NO
			O YES O NO
			O YES O NO
			O YES O NO
			O YES O NO
			O YES O NO
			O YES O NO
			O YES O NO
			O YES O NO

FEEDING LOG

TANK #		MONTH	

WEEK ONE

	MONDAY	TUESDAY	WEDNESDAY	THURSDAY	FRIDAY	SATURDAY	SUNDAY
MORNING							
NOON							
NIGHT							

WEEK TWO

	MONDAY	TUESDAY	WEDNESDAY	THURSDAY	FRIDAY	SATURDAY	SUNDAY
MORNING							
NOON							
NIGHT							

WEEK THREE

	MONDAY	TUESDAY	WEDNESDAY	THURSDAY	FRIDAY	SATURDAY	SUNDAY
MORNING							
NOON							
NIGHT							

WEEK FOUR

	MONDAY	TUESDAY	WEDNESDAY	THURSDAY	FRIDAY	SATURDAY	SUNDAY
MORNING							
NOON							
NIGHT							

MY AQUARIUM

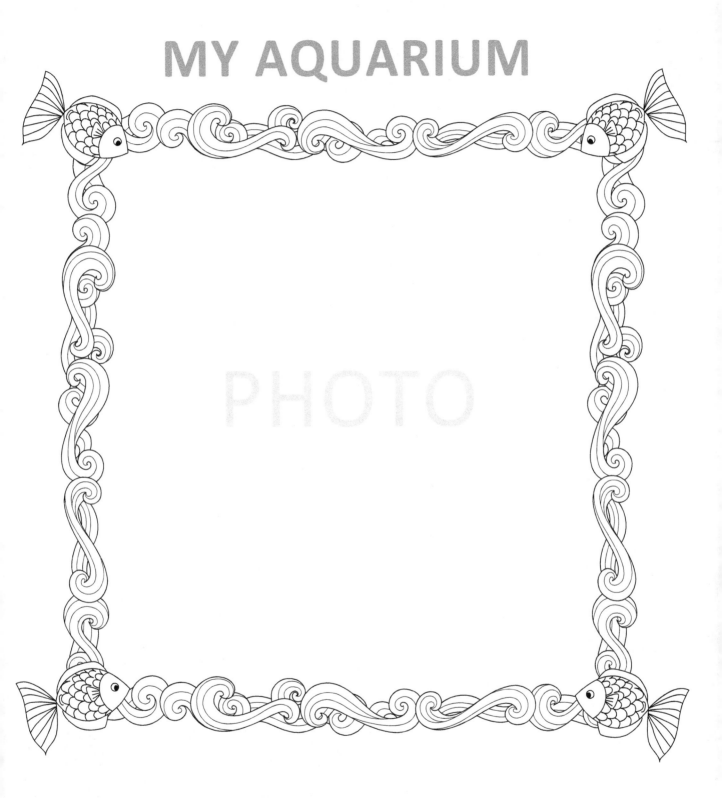

PHOTO

AQUARIUM WORKSHEET

AQUARIUM ID		AQUARIUM SIZE		DATE	

GENERAL MAINTENANCE		EQUIPMENT MAINTENANCE		WATER QUALTIY	
O WATER CHANGE	%	O FILTER MAINTENANCE		O PH	
O GENERAL CLEANING		OMEDIA CLEANED		O AMMONIA	
O GRAVEL CLEANING		OMEDIA REPLACED		O NITRATES	
O ALGAE CLEANING		O AIR PUMP / HOSES		O NITRITES	
O LIVESTOCK INSPECTION		O LIGHTING		O GH	
O		O		O	
O		O		O	

GENERAL CARE AND OBSERVATIONS	
FEEDING	
SPAWNING	
WATER TEMPERATURE AND QUALITY	
MEDICATIONS ADDED (BRAND / DOSAGE)	
WATER CONDITIONERS ADDED (BRAND / DOSAGE)	
DISEASE DIAGNOSIS	

EXPENSES		AQUARIUM OCCUPANTS		
		NAME	QUANTITY	DATE
EQUIPMENT				
FISH / PLANTS				
MAINTENANCE				
MEDICATION				
FOOD				
SUPPLIES				
TOTAL COST				

SUPPLIES

ITEM	QUANTITY	SUPPLIER	DATE PURCHASED

PLANT INVENTORY

TANK #	

SPECIES	DATE ADDED	NOTES

HEALTH HISTORY

PET NAME		TANK #	

DATE SICK	TREATMENT PLAN	# OF DAYS TREATED	SUCCESS?
			O YES O NO
			O YES O NO
			O YES O NO
			O YES O NO
			O YES O NO
			O YES O NO
			O YES O NO
			O YES O NO
			O YES O NO
			O YES O NO
			O YES O NO
			O YES O NO
			O YES O NO
			O YES O NO
			O YES O NO
			O YES O NO
			O YES O NO
			O YES O NO
			O YES O NO
			O YES O NO
			O YES O NO
			O YES O NO
			O YES O NO
			O YES O NO
			O YES O NO

FEEDING LOG

TANK #		MONTH	

WEEK ONE

	MONDAY	TUESDAY	WEDNESDAY	THURSDAY	FRIDAY	SATURDAY	SUNDAY
MORNING							
NOON							
NIGHT							

WEEK TWO

	MONDAY	TUESDAY	WEDNESDAY	THURSDAY	FRIDAY	SATURDAY	SUNDAY
MORNING							
NOON							
NIGHT							

WEEK THREE

	MONDAY	TUESDAY	WEDNESDAY	THURSDAY	FRIDAY	SATURDAY	SUNDAY
MORNING							
NOON							
NIGHT							

WEEK FOUR

	MONDAY	TUESDAY	WEDNESDAY	THURSDAY	FRIDAY	SATURDAY	SUNDAY
MORNING							
NOON							
NIGHT							

MY AQUARIUM

PHOTO

AQUARIUM WORKSHEET

AQUARIUM ID		AQUARIUM SIZE		DATE	

GENERAL MAINTENANCE		EQUIPMENT MAINTENANCE		WATER QUALTIY	
O WATER CHANGE	%	O FILTER MAINTENANCE		O PH	
O GENERAL CLEANING		OMEDIA CLEANED		O AMMONIA	
O GRAVEL CLEANING		OMEDIA REPLACED		O NITRATES	
O ALGAE CLEANING		O AIR PUMP / HOSES		O NITRITES	
O LIVESTOCK INSPECTION		O LIGHTING		O GH	
O		O		O	
O		O		O	

GENERAL CARE AND OBSERVATIONS	
FEEDING	
SPAWNING	
WATER TEMPERATURE AND QUALITY	
MEDICATIONS ADDED (BRAND / DOSAGE)	
WATER CONDITIONERS ADDED (BRAND / DOSAGE)	
DISEASE DIAGNOSIS	

EXPENSES		AQUARIUM OCCUPANTS		
		NAME	QUANTITY	DATE
EQUIPMENT				
FISH / PLANTS				
MAINTENANCE				
MEDICATION				
FOOD				
SUPPLIES				
TOTAL COST				

SUPPLIES

ITEM	QUANTITY	SUPPLIER	DATE PURCHASED

PLANT INVENTORY

TANK #

SPECIES	DATE ADDED	NOTES

HEALTH HISTORY

PET NAME		TANK #	

DATE SICK	TREATMENT PLAN	# OF DAYS TREATED	SUCCESS?
			O YES O NO
			O YES O NO
			O YES O NO
			O YES O NO
			O YES O NO
			O YES O NO
			O YES O NO
			O YES O NO
			O YES O NO
			O YES O NO
			O YES O NO
			O YES O NO
			O YES O NO
			O YES O NO
			O YES O NO
			O YES O NO
			O YES O NO
			O YES O NO
			O YES O NO
			O YES O NO
			O YES O NO
			O YES O NO
			O YES O NO
			O YES O NO
			O YES O NO
			O YES O NO

FEEDING LOG

TANK #		MONTH	

WEEK ONE

	MONDAY	TUESDAY	WEDNESDAY	THURSDAY	FRIDAY	SATURDAY	SUNDAY
MORNING							
NOON							
NIGHT							

WEEK TWO

	MONDAY	TUESDAY	WEDNESDAY	THURSDAY	FRIDAY	SATURDAY	SUNDAY
MORNING							
NOON							
NIGHT							

WEEK THREE

	MONDAY	TUESDAY	WEDNESDAY	THURSDAY	FRIDAY	SATURDAY	SUNDAY
MORNING							
NOON							
NIGHT							

WEEK FOUR

	MONDAY	TUESDAY	WEDNESDAY	THURSDAY	FRIDAY	SATURDAY	SUNDAY
MORNING							
NOON							
NIGHT							

MY AQUARIUM

PHOTO

AQUARIUM WORKSHEET

AQUARIUM ID		AQUARIUM SIZE		DATE	

GENERAL MAINTENANCE		EQUIPMENT MAINTENANCE		WATER QUALTIY	
O WATER CHANGE	%	O FILTER MAINTENANCE		O PH	
O GENERAL CLEANING		OMEDIA CLEANED		O AMMONIA	
O GRAVEL CLEANING		OMEDIA REPLACED		O NITRATES	
O ALGAE CLEANING		O AIR PUMP / HOSES		O NITRITES	
O LIVESTOCK INSPECTION		O LIGHTING		O GH	
O		O		O	
O		O		O	

GENERAL CARE AND OBSERVATIONS	
FEEDING	
SPAWNING	
WATER TEMPERATURE AND QUALITY	
MEDICATIONS ADDED (BRAND / DOSAGE)	
WATER CONDITIONERS ADDED (BRAND / DOSAGE)	
DISEASE DIAGNOSIS	

EXPENSES		AQUARIUM OCCUPANTS		
		NAME	QUANTITY	DATE
EQUIPMENT				
FISH / PLANTS				
MAINTENANCE				
MEDICATION				
FOOD				
SUPPLIES				
TOTAL COST				

SUPPLIES

ITEM	QUANTITY	SUPPLIER	DATE PURCHASED

PLANT INVENTORY

TANK #	

SPECIES	DATE ADDED	NOTES

HEALTH HISTORY

PET NAME		TANK #	

DATE SICK	TREATMENT PLAN	# OF DAYS TREATED	SUCCESS?
			O YES O NO
			O YES O NO
			O YES O NO
			O YES O NO
			O YES O NO
			O YES O NO
			O YES O NO
			O YES O NO
			O YES O NO
			O YES O NO
			O YES O NO
			O YES O NO
			O YES O NO
			O YES O NO
			O YES O NO
			O YES O NO
			O YES O NO
			O YES O NO
			O YES O NO
			O YES O NO
			O YES O NO
			O YES O NO
			O YES O NO
			O YES O NO
			O YES O NO

FEEDING LOG

TANK #		MONTH	

WEEK ONE

	MONDAY	TUESDAY	WEDNESDAY	THURSDAY	FRIDAY	SATURDAY	SUNDAY
MORNING							
NOON							
NIGHT							

WEEK TWO

	MONDAY	TUESDAY	WEDNESDAY	THURSDAY	FRIDAY	SATURDAY	SUNDAY
MORNING							
NOON							
NIGHT							

WEEK THREE

	MONDAY	TUESDAY	WEDNESDAY	THURSDAY	FRIDAY	SATURDAY	SUNDAY
MORNING							
NOON							
NIGHT							

WEEK FOUR

	MONDAY	TUESDAY	WEDNESDAY	THURSDAY	FRIDAY	SATURDAY	SUNDAY
MORNING							
NOON							
NIGHT							

MY AQUARIUM

PHOTO

AQUARIUM WORKSHEET

AQUARIUM ID		AQUARIUM SIZE		DATE	

GENERAL MAINTENANCE	EQUIPMENT MAINTENANCE	WATER QUALTIY
O WATER CHANGE %	O FILTER MAINTENANCE	O PH
O GENERAL CLEANING	OMEDIA CLEANED	O AMMONIA
O GRAVEL CLEANING	OMEDIA REPLACED	O NITRATES
O ALGAE CLEANING	O AIR PUMP / HOSES	O NITRITES
O LIVESTOCK INSPECTION	O LIGHTING	O GH
O	O	O
O	O	O

GENERAL CARE AND OBSERVATIONS

FEEDING	
SPAWNING	
WATER TEMPERATURE AND QUALITY	
MEDICATIONS ADDED (BRAND / DOSAGE)	
WATER CONDITIONERS ADDED (BRAND / DOSAGE)	
DISEASE DIAGNOSIS	

EXPENSES		AQUARIUM OCCUPANTS		
		NAME	QUANTITY	DATE
EQUIPMENT				
FISH / PLANTS				
MAINTENANCE				
MEDICATION				
FOOD				
SUPPLIES				
TOTAL COST				

SUPPLIES

ITEM	QUANTITY	SUPPLIER	DATE PURCHASED

PLANT INVENTORY

TANK #	

SPECIES	DATE ADDED	NOTES

HEALTH HISTORY

PET NAME		TANK #	

DATE SICK	TREATMENT PLAN	# OF DAYS TREATED	SUCCESS?
			O YES O NO
			O YES O NO
			O YES O NO
			O YES O NO
			O YES O NO
			O YES O NO
			O YES O NO
			O YES O NO
			O YES O NO
			O YES O NO
			O YES O NO
			O YES O NO
			O YES O NO
			O YES O NO
			O YES O NO
			O YES O NO
			O YES O NO
			O YES O NO
			O YES O NO
			O YES O NO
			O YES O NO
			O YES O NO
			O YES O NO
			O YES O NO
			O YES O NO
			O YES O NO

FEEDING LOG

TANK #		MONTH	

WEEK ONE

	MONDAY	TUESDAY	WEDNESDAY	THURSDAY	FRIDAY	SATURDAY	SUNDAY
MORNING							
NOON							
NIGHT							

WEEK TWO

	MONDAY	TUESDAY	WEDNESDAY	THURSDAY	FRIDAY	SATURDAY	SUNDAY
MORNING							
NOON							
NIGHT							

WEEK THREE

	MONDAY	TUESDAY	WEDNESDAY	THURSDAY	FRIDAY	SATURDAY	SUNDAY
MORNING							
NOON							
NIGHT							

WEEK FOUR

	MONDAY	TUESDAY	WEDNESDAY	THURSDAY	FRIDAY	SATURDAY	SUNDAY
MORNING							
NOON							
NIGHT							

MY AQUARIUM

PHOTO

AQUARIUM WORKSHEET

AQUARIUM ID		AQUARIUM SIZE		DATE	

GENERAL MAINTENANCE		EQUIPMENT MAINTENANCE	WATER QUALTIY
O WATER CHANGE	%	O FILTER MAINTENANCE	O PH
O GENERAL CLEANING		OMEDIA CLEANED	O AMMONIA
O GRAVEL CLEANING		OMEDIA REPLACED	O NITRATES
O ALGAE CLEANING		O AIR PUMP / HOSES	O NITRITES
O LIVESTOCK INSPECTION		O LIGHTING	O GH
O		O	O
O		O	O

GENERAL CARE AND OBSERVATIONS

FEEDING	
SPAWNING	
WATER TEMPERATURE AND QUALITY	
MEDICATIONS ADDED (BRAND / DOSAGE)	
WATER CONDITIONERS ADDED (BRAND / DOSAGE)	
DISEASE DIAGNOSIS	

EXPENSES		AQUARIUM OCCUPANTS		
		NAME	QUANTITY	DATE
EQUIPMENT				
FISH / PLANTS				
MAINTENANCE				
MEDICATION				
FOOD				
SUPPLIES				
TOTAL COST				

SUPPLIES

ITEM	QUANTITY	SUPPLIER	DATE PURCHASED

PLANT INVENTORY

TANK #	

SPECIES	DATE ADDED	NOTES

AQUARIUM WORKSHEET

AQUARIUM ID		AQUARIUM SIZE		DATE	

GENERAL MAINTENANCE	EQUIPMENT MAINTENANCE	WATER QUALTIY
O WATER CHANGE %	O FILTER MAINTENANCE	O PH
O GENERAL CLEANING	OMEDIA CLEANED	O AMMONIA
O GRAVEL CLEANING	OMEDIA REPLACED	O NITRATES
O ALGAE CLEANING	O AIR PUMP / HOSES	O NITRITES
O LIVESTOCK INSPECTION	O LIGHTING	O GH
O	O	O
O	O	O

GENERAL CARE AND OBSERVATIONS	
FEEDING	
SPAWNING	
WATER TEMPERATURE AND QUALITY	
MEDICATIONS ADDED (BRAND / DOSAGE)	
WATER CONDITIONERS ADDED (BRAND / DOSAGE)	
DISEASE DIAGNOSIS	

EXPENSES		AQUARIUM OCCUPANTS		
		NAME	QUANTITY	DATE
EQUIPMENT				
FISH / PLANTS				
MAINTENANCE				
MEDICATION				
FOOD				
SUPPLIES				
TOTAL COST				

SUPPLIES

ITEM	QUANTITY	SUPPLIER	DATE PURCHASED

PLANT INVENTORY

TANK #	

SPECIES	DATE ADDED	NOTES

HEALTH HISTORY

PET NAME		TANK #	

DATE SICK	TREATMENT PLAN	# OF DAYS TREATED	SUCCESS?
			O YES O NO
			O YES O NO
			O YES O NO
			O YES O NO
			O YES O NO
			O YES O NO
			O YES O NO
			O YES O NO
			O YES O NO
			O YES O NO
			O YES O NO
			O YES O NO
			O YES O NO
			O YES O NO
			O YES O NO
			O YES O NO
			O YES O NO
			O YES O NO
			O YES O NO
			O YES O NO
			O YES O NO
			O YES O NO
			O YES O NO
			O YES O NO
			O YES O NO
			O YES O NO

FEEDING LOG

TANK #			MONTH		

WEEK ONE

	MONDAY	TUESDAY	WEDNESDAY	THURSDAY	FRIDAY	SATURDAY	SUNDAY
MORNING							
NOON							
NIGHT							

WEEK TWO

	MONDAY	TUESDAY	WEDNESDAY	THURSDAY	FRIDAY	SATURDAY	SUNDAY
MORNING							
NOON							
NIGHT							

WEEK THREE

	MONDAY	TUESDAY	WEDNESDAY	THURSDAY	FRIDAY	SATURDAY	SUNDAY
MORNING							
NOON							
NIGHT							

WEEK FOUR

	MONDAY	TUESDAY	WEDNESDAY	THURSDAY	FRIDAY	SATURDAY	SUNDAY
MORNING							
NOON							
NIGHT							

MY AQUARIUM

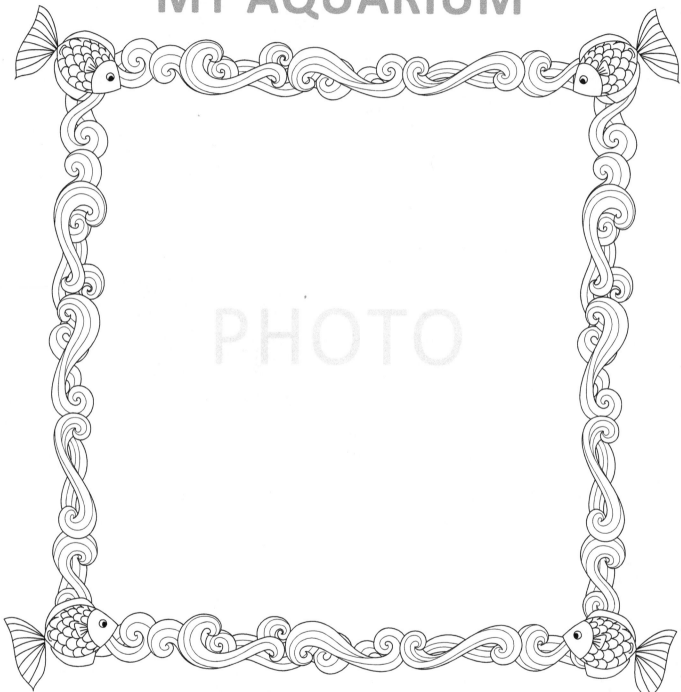

PHOTO

AQUARIUM WORKSHEET

AQUARIUM ID		AQUARIUM SIZE		DATE	

GENERAL MAINTENANCE	EQUIPMENT MAINTENANCE	WATER QUALTIY
O WATER CHANGE %	O FILTER MAINTENANCE	O PH
O GENERAL CLEANING	OMEDIA CLEANED	O AMMONIA
O GRAVEL CLEANING	OMEDIA REPLACED	O NITRATES
O ALGAE CLEANING	O AIR PUMP / HOSES	O NITRITES
O LIVESTOCK INSPECTION	O LIGHTING	O GH
O	O	O
O	O	O

GENERAL CARE AND OBSERVATIONS	
FEEDING	
SPAWNING	
WATER TEMPERATURE AND QUALITY	
MEDICATIONS ADDED (BRAND / DOSAGE)	
WATER CONDITIONERS ADDED (BRAND / DOSAGE)	
DISEASE DIAGNOSIS	

EXPENSES	
EQUIPMENT	
FISH / PLANTS	
MAINTENANCE	
MEDICATION	
FOOD	
SUPPLIES	
TOTAL COST	

AQUARIUM OCCUPANTS		
NAME	QUANTITY	DATE

SUPPLIES

ITEM	QUANTITY	SUPPLIER	DATE PURCHASED

PLANT INVENTORY

TANK #	

SPECIES	DATE ADDED	NOTES

HEALTH HISTORY

PET NAME		TANK #	

DATE SICK	TREATMENT PLAN	# OF DAYS TREATED	SUCCESS?
			O YES O NO
			O YES O NO
			O YES O NO
			O YES O NO
			O YES O NO
			O YES O NO
			O YES O NO
			O YES O NO
			O YES O NO
			O YES O NO
			O YES O NO
			O YES O NO
			O YES O NO
			O YES O NO
			O YES O NO
			O YES O NO
			O YES O NO
			O YES O NO
			O YES O NO
			O YES O NO
			O YES O NO
			O YES O NO
			O YES O NO
			O YES O NO
			O YES O NO

FEEDING LOG

TANK #		MONTH	

WEEK ONE

	MONDAY	TUESDAY	WEDNESDAY	THURSDAY	FRIDAY	SATURDAY	SUNDAY
MORNING							
NOON							
NIGHT							

WEEK TWO

	MONDAY	TUESDAY	WEDNESDAY	THURSDAY	FRIDAY	SATURDAY	SUNDAY
MORNING							
NOON							
NIGHT							

WEEK THREE

	MONDAY	TUESDAY	WEDNESDAY	THURSDAY	FRIDAY	SATURDAY	SUNDAY
MORNING							
NOON							
NIGHT							

WEEK FOUR

	MONDAY	TUESDAY	WEDNESDAY	THURSDAY	FRIDAY	SATURDAY	SUNDAY
MORNING							
NOON							
NIGHT							

MY AQUARIUM

PHOTO

AQUARIUM WORKSHEET

AQUARIUM ID		AQUARIUM SIZE		DATE	

GENERAL MAINTENANCE		EQUIPMENT MAINTENANCE		WATER QUALTIY	
O WATER CHANGE	%	O FILTER MAINTENANCE		O PH	
O GENERAL CLEANING		OMEDIA CLEANED		O AMMONIA	
O GRAVEL CLEANING		OMEDIA REPLACED		O NITRATES	
O ALGAE CLEANING		O AIR PUMP / HOSES		O NITRITES	
O LIVESTOCK INSPECTION		O LIGHTING		O GH	
O		O		O	
O		O		O	

GENERAL CARE AND OBSERVATIONS

FEEDING	
SPAWNING	
WATER TEMPERATURE AND QUALITY	
MEDICATIONS ADDED (BRAND / DOSAGE)	
WATER CONDITIONERS ADDED (BRAND / DOSAGE)	
DISEASE DIAGNOSIS	

EXPENSES		AQUARIUM OCCUPANTS		
		NAME	QUANTITY	DATE
EQUIPMENT				
FISH / PLANTS				
MAINTENANCE				
MEDICATION				
FOOD				
SUPPLIES				
TOTAL COST				

SUPPLIES

ITEM	QUANTITY	SUPPLIER	DATE PURCHASED

PLANT INVENTORY

TANK #	

SPECIES	DATE ADDED	NOTES

HEALTH HISTORY

PET NAME		TANK #	

DATE SICK	TREATMENT PLAN	# OF DAYS TREATED	SUCCESS?
			O YES O NO
			O YES O NO
			O YES O NO
			O YES O NO
			O YES O NO
			O YES O NO
			O YES O NO
			O YES O NO
			O YES O NO
			O YES O NO
			O YES O NO
			O YES O NO
			O YES O NO
			O YES O NO
			O YES O NO
			O YES O NO
			O YES O NO
			O YES O NO
			O YES O NO
			O YES O NO
			O YES O NO
			O YES O NO
			O YES O NO
			O YES O NO
			O YES O NO
			O YES O NO

FEEDING LOG

TANK #		MONTH	

WEEK ONE

	MONDAY	TUESDAY	WEDNESDAY	THURSDAY	FRIDAY	SATURDAY	SUNDAY
MORNING							
NOON							
NIGHT							

WEEK TWO

	MONDAY	TUESDAY	WEDNESDAY	THURSDAY	FRIDAY	SATURDAY	SUNDAY
MORNING							
NOON							
NIGHT							

WEEK THREE

	MONDAY	TUESDAY	WEDNESDAY	THURSDAY	FRIDAY	SATURDAY	SUNDAY
MORNING							
NOON							
NIGHT							

WEEK FOUR

	MONDAY	TUESDAY	WEDNESDAY	THURSDAY	FRIDAY	SATURDAY	SUNDAY
MORNING							
NOON							
NIGHT							

MY AQUARIUM

PHOTO

AQUARIUM WORKSHEET

AQUARIUM ID		AQUARIUM SIZE		DATE	

GENERAL MAINTENANCE	EQUIPMENT MAINTENANCE	WATER QUALTIY
O WATER CHANGE %	O FILTER MAINTENANCE	O PH
O GENERAL CLEANING	OMEDIA CLEANED	O AMMONIA
O GRAVEL CLEANING	OMEDIA REPLACED	O NITRATES
O ALGAE CLEANING	O AIR PUMP / HOSES	O NITRITES
O LIVESTOCK INSPECTION	O LIGHTING	O GH
O	O	O
O	O	O

GENERAL CARE AND OBSERVATIONS	
FEEDING	
SPAWNING	
WATER TEMPERATURE AND QUALITY	
MEDICATIONS ADDED (BRAND / DOSAGE)	
WATER CONDITIONERS ADDED (BRAND / DOSAGE)	
DISEASE DIAGNOSIS	

EXPENSES	
EQUIPMENT	
FISH / PLANTS	
MAINTENANCE	
MEDICATION	
FOOD	
SUPPLIES	
TOTAL COST	

AQUARIUM OCCUPANTS		
NAME	QUANTITY	DATE

SUPPLIES

ITEM	QUANTITY	SUPPLIER	DATE PURCHASED

PLANT INVENTORY

TANK #	

SPECIES	DATE ADDED	NOTES

HEALTH HISTORY

PET NAME		TANK #	

DATE SICK	TREATMENT PLAN	# OF DAYS TREATED	SUCCESS?
			O YES O NO
			O YES O NO
			O YES O NO
			O YES O NO
			O YES O NO
			O YES O NO
			O YES O NO
			O YES O NO
			O YES O NO
			O YES O NO
			O YES O NO
			O YES O NO
			O YES O NO
			O YES O NO
			O YES O NO
			O YES O NO
			O YES O NO
			O YES O NO
			O YES O NO
			O YES O NO
			O YES O NO
			O YES O NO
			O YES O NO
			O YES O NO
			O YES O NO

FEEDING LOG

TANK #		MONTH	

WEEK ONE

	MONDAY	TUESDAY	WEDNESDAY	THURSDAY	FRIDAY	SATURDAY	SUNDAY
MORNING							
NOON							
NIGHT							

WEEK TWO

	MONDAY	TUESDAY	WEDNESDAY	THURSDAY	FRIDAY	SATURDAY	SUNDAY
MORNING							
NOON							
NIGHT							

WEEK THREE

	MONDAY	TUESDAY	WEDNESDAY	THURSDAY	FRIDAY	SATURDAY	SUNDAY
MORNING							
NOON							
NIGHT							

WEEK FOUR

	MONDAY	TUESDAY	WEDNESDAY	THURSDAY	FRIDAY	SATURDAY	SUNDAY
MORNING							
NOON							
NIGHT							

MY AQUARIUM

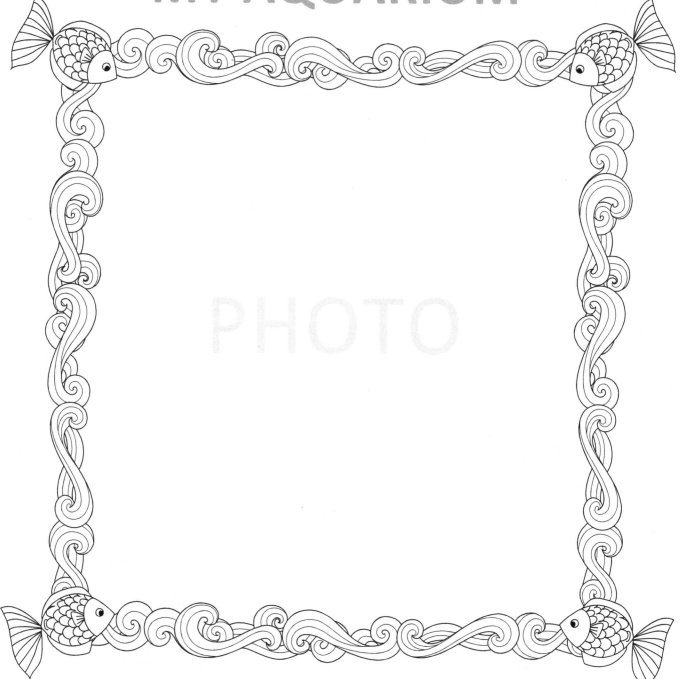

PHOTO

AQUARIUM WORKSHEET

AQUARIUM ID		AQUARIUM SIZE		DATE	

GENERAL MAINTENANCE		EQUIPMENT MAINTENANCE		WATER QUALTIY	
O WATER CHANGE %		O FILTER MAINTENANCE		O PH	
O GENERAL CLEANING		OMEDIA CLEANED		O AMMONIA	
O GRAVEL CLEANING		OMEDIA REPLACED		O NITRATES	
O ALGAE CLEANING		O AIR PUMP / HOSES		O NITRITES	
O LIVESTOCK INSPECTION		O LIGHTING		O GH	
O		O		O	
O		O		O	

GENERAL CARE AND OBSERVATIONS

FEEDING	
SPAWNING	
WATER TEMPERATURE AND QUALITY	
MEDICATIONS ADDED (BRAND / DOSAGE)	
WATER CONDITIONERS ADDED (BRAND / DOSAGE)	
DISEASE DIAGNOSIS	

EXPENSES		AQUARIUM OCCUPANTS		
		NAME	QUANTITY	DATE
EQUIPMENT				
FISH / PLANTS				
MAINTENANCE				
MEDICATION				
FOOD				
SUPPLIES				
TOTAL COST				

SUPPLIES

ITEM	QUANTITY	SUPPLIER	DATE PURCHASED

PLANT INVENTORY

TANK #

SPECIES	DATE ADDED	NOTES

HEALTH HISTORY

PET NAME		TANK #	

DATE SICK	TREATMENT PLAN	# OF DAYS TREATED	SUCCESS?
			O YES O NO
			O YES O NO
			O YES O NO
			O YES O NO
			O YES O NO
			O YES O NO
			O YES O NO
			O YES O NO
			O YES O NO
			O YES O NO
			O YES O NO
			O YES O NO
			O YES O NO
			O YES O NO
			O YES O NO
			O YES O NO
			O YES O NO
			O YES O NO
			O YES O NO
			O YES O NO
			O YES O NO
			O YES O NO
			O YES O NO
			O YES O NO
			O YES O NO
			O YES O NO

FEEDING LOG

TANK #		MONTH	

WEEK ONE

	MONDAY	TUESDAY	WEDNESDAY	THURSDAY	FRIDAY	SATURDAY	SUNDAY
MORNING							
NOON							
NIGHT							

WEEK TWO

	MONDAY	TUESDAY	WEDNESDAY	THURSDAY	FRIDAY	SATURDAY	SUNDAY
MORNING							
NOON							
NIGHT							

WEEK THREE

	MONDAY	TUESDAY	WEDNESDAY	THURSDAY	FRIDAY	SATURDAY	SUNDAY
MORNING							
NOON							
NIGHT							

WEEK FOUR

	MONDAY	TUESDAY	WEDNESDAY	THURSDAY	FRIDAY	SATURDAY	SUNDAY
MORNING							
NOON							
NIGHT							

MY AQUARIUM

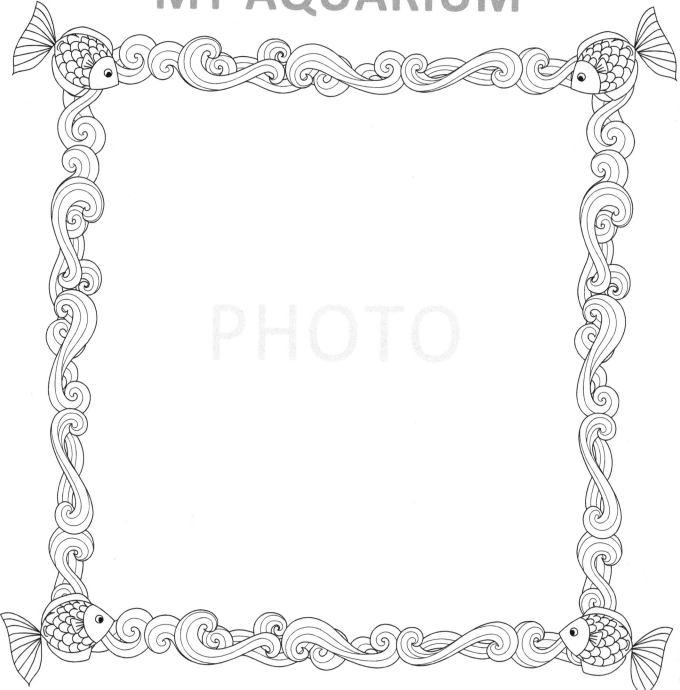

PHOTO

AQUARIUM WORKSHEET

AQUARIUM ID		AQUARIUM SIZE		DATE	

GENERAL MAINTENANCE		EQUIPMENT MAINTENANCE		WATER QUALTIY	
O WATER CHANGE	%	O FILTER MAINTENANCE		O PH	
O GENERAL CLEANING		OMEDIA CLEANED		O AMMONIA	
O GRAVEL CLEANING		OMEDIA REPLACED		O NITRATES	
O ALGAE CLEANING		O AIR PUMP / HOSES		O NITRITES	
O LIVESTOCK INSPECTION		O LIGHTING		O GH	
O		O		O	
O		O		O	

GENERAL CARE AND OBSERVATIONS

FEEDING	
SPAWNING	
WATER TEMPERATURE AND QUALITY	
MEDICATIONS ADDED (BRAND / DOSAGE)	
WATER CONDITIONERS ADDED (BRAND / DOSAGE)	
DISEASE DIAGNOSIS	

EXPENSES		AQUARIUM OCCUPANTS		
		NAME	QUANTITY	DATE
EQUIPMENT				
FISH / PLANTS				
MAINTENANCE				
MEDICATION				
FOOD				
SUPPLIES				
TOTAL COST				

SUPPLIES

ITEM	QUANTITY	SUPPLIER	DATE PURCHASED

PLANT INVENTORY

TANK #	

SPECIES	DATE ADDED	NOTES

HEALTH HISTORY

PET NAME		TANK #	

DATE SICK	TREATMENT PLAN	# OF DAYS TREATED	SUCCESS?
			O YES O NO
			O YES O NO
			O YES O NO
			O YES O NO
			O YES O NO
			O YES O NO
			O YES O NO
			O YES O NO
			O YES O NO
			O YES O NO
			O YES O NO
			O YES O NO
			O YES O NO
			O YES O NO
			O YES O NO
			O YES O NO
			O YES O NO
			O YES O NO
			O YES O NO
			O YES O NO
			O YES O NO
			O YES O NO
			O YES O NO
			O YES O NO
			O YES O NO
			O YES O NO

FEEDING LOG

TANK #		MONTH	

WEEK ONE

	MONDAY	TUESDAY	WEDNESDAY	THURSDAY	FRIDAY	SATURDAY	SUNDAY
MORNING							
NOON							
NIGHT							

WEEK TWO

	MONDAY	TUESDAY	WEDNESDAY	THURSDAY	FRIDAY	SATURDAY	SUNDAY
MORNING							
NOON							
NIGHT							

WEEK THREE

	MONDAY	TUESDAY	WEDNESDAY	THURSDAY	FRIDAY	SATURDAY	SUNDAY
MORNING							
NOON							
NIGHT							

WEEK FOUR

	MONDAY	TUESDAY	WEDNESDAY	THURSDAY	FRIDAY	SATURDAY	SUNDAY
MORNING							
NOON							
NIGHT							

MY AQUARIUM

PHOTO

AQUARIUM WORKSHEET

AQUARIUM ID		AQUARIUM SIZE		DATE	

GENERAL MAINTENANCE		EQUIPMENT MAINTENANCE		WATER QUALTIY	
O WATER CHANGE	%	O FILTER MAINTENANCE		O PH	
O GENERAL CLEANING		OMEDIA CLEANED		O AMMONIA	
O GRAVEL CLEANING		OMEDIA REPLACED		O NITRATES	
O ALGAE CLEANING		O AIR PUMP / HOSES		O NITRITES	
O LIVESTOCK INSPECTION		O LIGHTING		O GH	
O		O		O	
O		O		O	

GENERAL CARE AND OBSERVATIONS

FEEDING	
SPAWNING	
WATER TEMPERATURE AND QUALITY	
MEDICATIONS ADDED (BRAND / DOSAGE)	
WATER CONDITIONERS ADDED (BRAND / DOSAGE)	
DISEASE DIAGNOSIS	

EXPENSES		AQUARIUM OCCUPANTS			
			NAME	QUANTITY	DATE
EQUIPMENT					
FISH / PLANTS					
MAINTENANCE					
MEDICATION					
FOOD					
SUPPLIES					
TOTAL COST					

SUPPLIES

ITEM	QUANTITY	SUPPLIER	DATE PURCHASED

PLANT INVENTORY

TANK #		

SPECIES	DATE ADDED	NOTES

HEALTH HISTORY

PET NAME		TANK #	

DATE SICK	TREATMENT PLAN	# OF DAYS TREATED	SUCCESS?
			O YES O NO
			O YES O NO
			O YES O NO
			O YES O NO
			O YES O NO
			O YES O NO
			O YES O NO
			O YES O NO
			O YES O NO
			O YES O NO
			O YES O NO
			O YES O NO
			O YES O NO
			O YES O NO
			O YES O NO
			O YES O NO
			O YES O NO
			O YES O NO
			O YES O NO
			O YES O NO
			O YES O NO
			O YES O NO
			O YES O NO
			O YES O NO
			O YES O NO

FEEDING LOG

TANK #		MONTH	

WEEK ONE

	MONDAY	TUESDAY	WEDNESDAY	THURSDAY	FRIDAY	SATURDAY	SUNDAY
MORNING							
NOON							
NIGHT							

WEEK TWO

	MONDAY	TUESDAY	WEDNESDAY	THURSDAY	FRIDAY	SATURDAY	SUNDAY
MORNING							
NOON							
NIGHT							

WEEK THREE

	MONDAY	TUESDAY	WEDNESDAY	THURSDAY	FRIDAY	SATURDAY	SUNDAY
MORNING							
NOON							
NIGHT							

WEEK FOUR

	MONDAY	TUESDAY	WEDNESDAY	THURSDAY	FRIDAY	SATURDAY	SUNDAY
MORNING							
NOON							
NIGHT							

MY AQUARIUM

PHOTO

AQUARIUM WORKSHEET

AQUARIUM ID		AQUARIUM SIZE		DATE	

GENERAL MAINTENANCE		EQUIPMENT MAINTENANCE		WATER QUALTIY	
O WATER CHANGE	%	O FILTER MAINTENANCE		O PH	
O GENERAL CLEANING		OMEDIA CLEANED		O AMMONIA	
O GRAVEL CLEANING		OMEDIA REPLACED		O NITRATES	
O ALGAE CLEANING		O AIR PUMP / HOSES		O NITRITES	
O LIVESTOCK INSPECTION		O LIGHTING		O GH	
O		O		O	
O		O		O	

GENERAL CARE AND OBSERVATIONS

FEEDING	
SPAWNING	
WATER TEMPERATURE AND QUALITY	
MEDICATIONS ADDED (BRAND / DOSAGE)	
WATER CONDITIONERS ADDED (BRAND / DOSAGE)	
DISEASE DIAGNOSIS	

EXPENSES		AQUARIUM OCCUPANTS			
			NAME	QUANTITY	DATE
EQUIPMENT					
FISH / PLANTS					
MAINTENANCE					
MEDICATION					
FOOD					
SUPPLIES					
TOTAL COST					

SUPPLIES

ITEM	QUANTITY	SUPPLIER	DATE PURCHASED

PLANT INVENTORY

TANK #	

SPECIES	DATE ADDED	NOTES

HEALTH HISTORY

PET NAME		TANK #	

DATE SICK	TREATMENT PLAN	# OF DAYS TREATED	SUCCESS?
			O YES O NO
			O YES O NO
			O YES O NO
			O YES O NO
			O YES O NO
			O YES O NO
			O YES O NO
			O YES O NO
			O YES O NO
			O YES O NO
			O YES O NO
			O YES O NO
			O YES O NO
			O YES O NO
			O YES O NO
			O YES O NO
			O YES O NO
			O YES O NO
			O YES O NO
			O YES O NO
			O YES O NO
			O YES O NO
			O YES O NO
			O YES O NO
			O YES O NO
			O YES O NO

FEEDING LOG

TANK #		MONTH	

WEEK ONE

	MONDAY	TUESDAY	WEDNESDAY	THURSDAY	FRIDAY	SATURDAY	SUNDAY
MORNING							
NOON							
NIGHT							

WEEK TWO

	MONDAY	TUESDAY	WEDNESDAY	THURSDAY	FRIDAY	SATURDAY	SUNDAY
MORNING							
NOON							
NIGHT							

WEEK THREE

	MONDAY	TUESDAY	WEDNESDAY	THURSDAY	FRIDAY	SATURDAY	SUNDAY
MORNING							
NOON							
NIGHT							

WEEK FOUR

	MONDAY	TUESDAY	WEDNESDAY	THURSDAY	FRIDAY	SATURDAY	SUNDAY
MORNING							
NOON							
NIGHT							

MY AQUARIUM

PHOTO

AQUARIUM WORKSHEET

AQUARIUM ID		AQUARIUM SIZE		DATE	

GENERAL MAINTENANCE		EQUIPMENT MAINTENANCE		WATER QUALTIY	
O WATER CHANGE	%	O FILTER MAINTENANCE		O PH	
O GENERAL CLEANING		OMEDIA CLEANED		O AMMONIA	
O GRAVEL CLEANING		OMEDIA REPLACED		O NITRATES	
O ALGAE CLEANING		O AIR PUMP / HOSES		O NITRITES	
O LIVESTOCK INSPECTION		O LIGHTING		O GH	
O		O		O	
O		O		O	

GENERAL CARE AND OBSERVATIONS	
FEEDING	
SPAWNING	
WATER TEMPERATURE AND QUALITY	
MEDICATIONS ADDED (BRAND / DOSAGE)	
WATER CONDITIONERS ADDED (BRAND / DOSAGE)	
DISEASE DIAGNOSIS	

EXPENSES		AQUARIUM OCCUPANTS			
		NAME	QUANTITY	DATE	
EQUIPMENT					
FISH / PLANTS					
MAINTENANCE					
MEDICATION					
FOOD					
SUPPLIES					
TOTAL COST					

SUPPLIES

ITEM	QUANTITY	SUPPLIER	DATE PURCHASED

PLANT INVENTORY

TANK #	

SPECIES	DATE ADDED	NOTES

HEALTH HISTORY

PET NAME		TANK #	

DATE SICK	TREATMENT PLAN	# OF DAYS TREATED	SUCCESS?
			O YES O NO
			O YES O NO
			O YES O NO
			O YES O NO
			O YES O NO
			O YES O NO
			O YES O NO
			O YES O NO
			O YES O NO
			O YES O NO
			O YES O NO
			O YES O NO
			O YES O NO
			O YES O NO
			O YES O NO
			O YES O NO
			O YES O NO
			O YES O NO
			O YES O NO
			O YES O NO
			O YES O NO
			O YES O NO
			O YES O NO
			O YES O NO
			O YES O NO

FEEDING LOG

TANK #		MONTH	

WEEK ONE

	MONDAY	TUESDAY	WEDNESDAY	THURSDAY	FRIDAY	SATURDAY	SUNDAY
MORNING							
NOON							
NIGHT							

WEEK TWO

	MONDAY	TUESDAY	WEDNESDAY	THURSDAY	FRIDAY	SATURDAY	SUNDAY
MORNING							
NOON							
NIGHT							

WEEK THREE

	MONDAY	TUESDAY	WEDNESDAY	THURSDAY	FRIDAY	SATURDAY	SUNDAY
MORNING							
NOON							
NIGHT							

WEEK FOUR

	MONDAY	TUESDAY	WEDNESDAY	THURSDAY	FRIDAY	SATURDAY	SUNDAY
MORNING							
NOON							
NIGHT							

MY AQUARIUM

PHOTO

AQUARIUM WORKSHEET

AQUARIUM ID		AQUARIUM SIZE		DATE	

GENERAL MAINTENANCE		EQUIPMENT MAINTENANCE		WATER QUALTIY	
O WATER CHANGE	%	O FILTER MAINTENANCE		O PH	
O GENERAL CLEANING		OMEDIA CLEANED		O AMMONIA	
O GRAVEL CLEANING		OMEDIA REPLACED		O NITRATES	
O ALGAE CLEANING		O AIR PUMP / HOSES		O NITRITES	
O LIVESTOCK INSPECTION		O LIGHTING		O GH	
O		O		O	
O		O		O	

GENERAL CARE AND OBSERVATIONS

FEEDING	
SPAWNING	
WATER TEMPERATURE AND QUALITY	
MEDICATIONS ADDED (BRAND / DOSAGE)	
WATER CONDITIONERS ADDED (BRAND / DOSAGE)	
DISEASE DIAGNOSIS	

EXPENSES		AQUARIUM OCCUPANTS		
		NAME	QUANTITY	DATE
EQUIPMENT				
FISH / PLANTS				
MAINTENANCE				
MEDICATION				
FOOD				
SUPPLIES				
TOTAL COST				

SUPPLIES

ITEM	QUANTITY	SUPPLIER	DATE PURCHASED

PLANT INVENTORY

TANK #	

SPECIES	DATE ADDED	NOTES

HEALTH HISTORY

PET NAME		TANK #	

DATE SICK	TREATMENT PLAN	# OF DAYS TREATED	SUCCESS?
			O YES O NO
			O YES O NO
			O YES O NO
			O YES O NO
			O YES O NO
			O YES O NO
			O YES O NO
			O YES O NO
			O YES O NO
			O YES O NO
			O YES O NO
			O YES O NO
			O YES O NO
			O YES O NO
			O YES O NO
			O YES O NO
			O YES O NO
			O YES O NO
			O YES O NO
			O YES O NO
			O YES O NO
			O YES O NO
			O YES O NO
			O YES O NO
			O YES O NO
			O YES O NO

FEEDING LOG

TANK #		MONTH	

WEEK ONE

	MONDAY	TUESDAY	WEDNESDAY	THURSDAY	FRIDAY	SATURDAY	SUNDAY
MORNING							
NOON							
NIGHT							

WEEK TWO

	MONDAY	TUESDAY	WEDNESDAY	THURSDAY	FRIDAY	SATURDAY	SUNDAY
MORNING							
NOON							
NIGHT							

WEEK THREE

	MONDAY	TUESDAY	WEDNESDAY	THURSDAY	FRIDAY	SATURDAY	SUNDAY
MORNING							
NOON							
NIGHT							

WEEK FOUR

	MONDAY	TUESDAY	WEDNESDAY	THURSDAY	FRIDAY	SATURDAY	SUNDAY
MORNING							
NOON							
NIGHT							

MY AQUARIUM

PHOTO

AQUARIUM WORKSHEET

AQUARIUM ID		AQUARIUM SIZE		DATE	

GENERAL MAINTENANCE		EQUIPMENT MAINTENANCE		WATER QUALTIY	
O WATER CHANGE	%	O FILTER MAINTENANCE		O PH	
O GENERAL CLEANING		OMEDIA CLEANED		O AMMONIA	
O GRAVEL CLEANING		OMEDIA REPLACED		O NITRATES	
O ALGAE CLEANING		O AIR PUMP / HOSES		O NITRITES	
O LIVESTOCK INSPECTION		O LIGHTING		O GH	
O		O		O	
O		O		O	

GENERAL CARE AND OBSERVATIONS	
FEEDING	
SPAWNING	
WATER TEMPERATURE AND QUALITY	
MEDICATIONS ADDED (BRAND / DOSAGE)	
WATER CONDITIONERS ADDED (BRAND / DOSAGE)	
DISEASE DIAGNOSIS	

EXPENSES		AQUARIUM OCCUPANTS		
		NAME	QUANTITY	DATE
EQUIPMENT				
FISH / PLANTS				
MAINTENANCE				
MEDICATION				
FOOD				
SUPPLIES				
TOTAL COST				

SUPPLIES

ITEM	QUANTITY	SUPPLIER	DATE PURCHASED

PLANT INVENTORY

TANK #	

SPECIES	DATE ADDED	NOTES

HEALTH HISTORY

PET NAME		TANK #	

DATE SICK	TREATMENT PLAN	# OF DAYS TREATED	SUCCESS?
			O YES O NO
			O YES O NO
			O YES O NO
			O YES O NO
			O YES O NO
			O YES O NO
			O YES O NO
			O YES O NO
			O YES O NO
			O YES O NO
			O YES O NO
			O YES O NO
			O YES O NO
			O YES O NO
			O YES O NO
			O YES O NO
			O YES O NO
			O YES O NO
			O YES O NO
			O YES O NO
			O YES O NO
			O YES O NO
			O YES O NO
			O YES O NO
			O YES O NO

FEEDING LOG

TANK #		MONTH	

WEEK ONE

	MONDAY	TUESDAY	WEDNESDAY	THURSDAY	FRIDAY	SATURDAY	SUNDAY
MORNING							
NOON							
NIGHT							

WEEK TWO

	MONDAY	TUESDAY	WEDNESDAY	THURSDAY	FRIDAY	SATURDAY	SUNDAY
MORNING							
NOON							
NIGHT							

WEEK THREE

	MONDAY	TUESDAY	WEDNESDAY	THURSDAY	FRIDAY	SATURDAY	SUNDAY
MORNING							
NOON							
NIGHT							

WEEK FOUR

	MONDAY	TUESDAY	WEDNESDAY	THURSDAY	FRIDAY	SATURDAY	SUNDAY
MORNING							
NOON							
NIGHT							

MY AQUARIUM

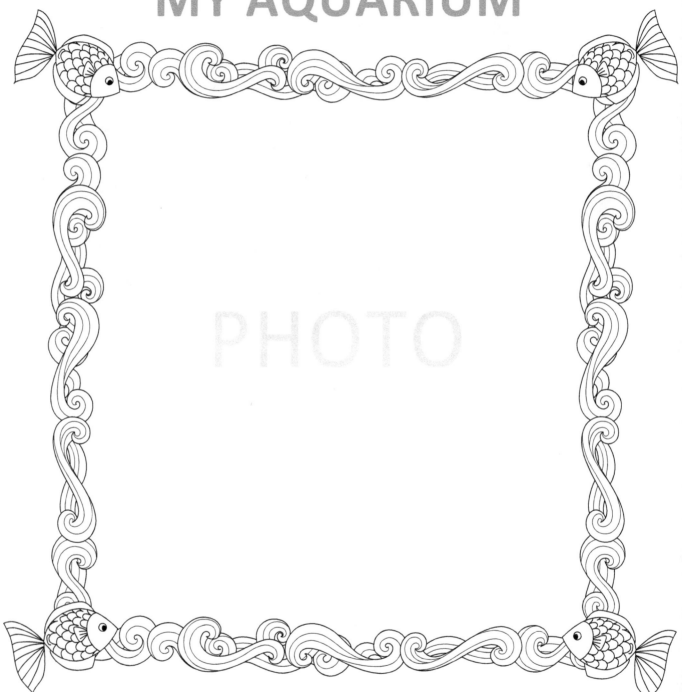

PHOTO

AQUARIUM WORKSHEET

AQUARIUM ID		AQUARIUM SIZE		DATE	

GENERAL MAINTENANCE		EQUIPMENT MAINTENANCE		WATER QUALTIY	
O WATER CHANGE	%	O FILTER MAINTENANCE		O PH	
O GENERAL CLEANING		OMEDIA CLEANED		O AMMONIA	
O GRAVEL CLEANING		OMEDIA REPLACED		O NITRATES	
O ALGAE CLEANING		O AIR PUMP / HOSES		O NITRITES	
O LIVESTOCK INSPECTION		O LIGHTING		O GH	
O		O		O	
O		O		O	

GENERAL CARE AND OBSERVATIONS	
FEEDING	
SPAWNING	
WATER TEMPERATURE AND QUALITY	
MEDICATIONS ADDED (BRAND / DOSAGE)	
WATER CONDITIONERS ADDED (BRAND / DOSAGE)	
DISEASE DIAGNOSIS	

EXPENSES		AQUARIUM OCCUPANTS		
		NAME	QUANTITY	DATE
EQUIPMENT				
FISH / PLANTS				
MAINTENANCE				
MEDICATION				
FOOD				
SUPPLIES				
TOTAL COST				

SUPPLIES

ITEM	QUANTITY	SUPPLIER	DATE PURCHASED